D. DRAGHICESCO ET MURGOCI

LES ROUMAINS D'UKRAINE

PARIS
1919

LES

ROUMAINS D'UKRAINE

D. DRAGHICESCO ET MURGOCI

LES ROUMAINS D'UKRAINE

PARIS
1919

LES ROUMAINS D'UKRAINE

I

Régions habitées par les Roumains à l'Est du Dniéster

Les Roumains de Bessarabie ne sont pas les seuls habitants moldaves de l'ancien Empire des Tzars. Toute la rive gauche du Dniéster, à partir de Moghilev jusqu'aux environs d'Odessa, est roumaine. Les nombreux villages situés sur cette rive, tout le long du fleuve, sont, à de rares exceptions près, roumains ; il en est peu qui ne soient, au moins en partie, habités par des Roumains.

Mais l'élément roumain s'étend, à l'Est, loin au delà de la rive gauche du Dniéster, dans l'intérieur de l'Ukraine, et au delà du Boug et même jusqu'aux rives du Dniéper.

L'élément roumain, à l'est du Dniéster est si nombreux et si compact qu'il occupe une place très importante sur toutes les cartes ethnographiques de la Russie. Mentionnons particulièrement la carte ethnographique de la Russie, publiée d'après la statistique de 1875, qui montre l'élément roumain dans son étendue de jadis, quand le steppe n'était pas encore aussi peuplé qu'à présent. D'ailleurs, la carte de Florinski que l'on peut facilement se procurer en librairie, présente à peu près le même aspect.

Considérant l'extension des Roumains sur cette carte, on peut faire les observations suivantes, d'ordre anthropo-géographique.

Les Roumains occupent en Ukraine la région la plus favorable, au point de vue du climat, du sol et de la végétation. Ils occupent en masses étendues à peu près continues, de larges zones, le long de la rive gauche du Dniéster et du Boug, exactement comme dans le steppe roumain des départements de l'Ialomitsa et de Braïla, où la population s'étend le long des vallées de l'Ialomitsa, du Calmatsui, du Buzau, etc., et surtout sur la rive gauche, toujours plus basse que la rive droite.

Entre ces cours d'eau importants de l'Ukraine, les Roumains sont répandus en groupe compacts dont l'ensemble affecte la forme de triangles larges, à base tournée vers l'occident, dans les vallées du Dniéster et du Boug, avec des sommets s'étendant vers l'orient, dans la direction de Olviopol, sur le Boug et Alexandria, sur l'Ingulets.

Cela montre que les Roumains, dans le mouvement d'extension, qui les rendit maîtres de ces territoires,après avoir occupé des vallées larges et basses, se sont encore répandus plus en avant vers l'Est. Et, fait très important, ils ne sont pas descendus vers le Sud, dans les steppes secs et désolés du Kherson, aux terres brunes. Ils ne sont pas non plus remontés vers le Nord, dans la région des forêts aux terres grises (podzoli). Ils ont pris possession des larges emplacements dans la région du « cernozon », du steppe humide ou du steppe envahi par la forêt, mais avec de larges clairières de steppe. Au point de vue économique (agriculture et élevage du bétail) ces terrains, situés au point de contact de la forêt et du steppe, sont les meilleurs. Et cela prouve que les Roumains sont un des premiers peuples qui aient occupé ces régions alors sans aucune population, car ce n'est évidemment qu'à cette condition qu'ils ont pu choisir les meilleurs emplacements le long des grandes vallées où se trouvent beaucoup d'eaux courantes ou souterraines et le long des forêts aux clairières de steppe. En tout cas, les Roumains de ces régions ne peuvent pas être plus nouveaux venus que les Ukrainiens avec qui ils cohabitent. En ce qui concerne les colons grands-russiens, allemands et bulgares, ils occupent des régions plus impropres à la vie économique, surtout dans le steppe sec du sud, qui n'était pas encore occupé par les Roumains et les Ukrainiens quand les nouveaux colons sont arrivés. Même en Bessarabie, le steppe sec du Bugeac est demeuré non peuplé par les Moldaves jusqu'au siècle dernier. Les Russes l'ont alors peuplé de colons allemands et bulgares.

A coup sûr, à la suite de la retraite des Tartares, les Roumains se sont rapidement emparés de cette région boisée, comme de celles de la Bessarabie, parce qu'elles se trouvaient dans la direction de l'expansion naturelle roumaine, venant des montagnes et des forêts moldaves et se dirigeant vers l'Est et parce que, grâce à leurs occupations, ils connaissaient bien cette région. A la vérité, il faut admettre que les bergers transylvains et moldaves descendaient à l'automne avec leurs troupeaux de moutons vers les steppes au climat plus doux, tout à fait comme aujourd'hui. Ils allaient jusqu'en Crimée et en Tauride. D'ailleurs, les Moldaves faisaient seuls, dans cette contrée, le commerce du sel, des vins et des fruits, le steppe manquant totalement de ces denrées. Les historiens connaissent bien ces faits.

Dans la province de Kherson, les Roumains habitent en masses compactes les districts de *Tiraspol,* d'*Ana-*

niev, d'*Elisavetgrad* et d'*Alexandrie*. Certains villages de ce district, sont habités exclusivement par des Moldaves et portent des noms roumains des plus caractéristiques : Malaeshti, Floarea, Tei, Cosharca, Slobozia, Buturul, Perperitza, Goiana, Jilava, Tisculung, Dubusari, Lunga, Sheapte, Rediuri, Coshiutsa, Pârâta, Perishor, Plosca, Buhai, Dracul, Porcani, Scribca, Suclia, Corotna, Cioburci, Speia, Carajaciu, Dorotzcaia, Vosnishenca, Moldavca, Cantacuzinovca, etc. Dans la direction de la ville de Ovideopol, on trouve les villages roumains de Iasca, Gradinitza (800 maisons), Scurtu, Moldovanca, Sevartzica, Belcauca. Dans les villes de Grigoriopol, Ocna, Pavlovsca, Ananiev, Ukrainka, Elisavetgrad, l'élément roumain est considérable.

En Podolie, les Moldaves constituent presque exclusivement la population du district de Balta (1). Les villages suivants sont purement roumains : Lescovetz, Ruda, Ivanetz, Rogozna, Studenitza, Ushitza, Lipciani, Serebria, Busha, Coshnitza, Grushca, Ocnitza, Camenca, Lapushne, Saratzei, Ribnitza, Botushani, Pietrosul, Slobozia, Domnitza, Moshneagul, Senina, Balta, Bursucul, Bologan, Iancu, Coshnitsa, Valea Adânca, Plop, Haraba, Juri, Topala, Ocna, Hârjeu, etc.

Vers l'Est et le Sud-Est, d'autres îlots roumains sont disséminés entre le Boug et l'Ingoul, jusqu'aux abords de la ville de Kherson. Les environs même d'Odessa sont peuplés de masses roumaines souvent importantes et assez compactes. Dans la direction de Kiev, on trouve des colonies roumaines s'étendant jusqu'auprès du Dniéper, dans des communes appelées *linii* (lignes).

(1) Cela est tellement vrai que pour s'en convaincre il suffit de rappeler que, après 1812, date de l'annexion de la Bessarabie, les trois districts de Tiraspol, Ananiev et Balta, furent rattachés à la métropole roumaine de Kichinéo. Le gouvernement russe, vu le caractère roumain de ces trois ditricts, avait jugé nécessaire de les réunir à la Bessarabie. C'est seulement en 1837 qu'il se ravisa et les en sépara car, dès ce moment, l'administration russe conçut le plan de russifier cette province.

Dans la province d'ECATERINOVSLAV, on trouve également des régions exclusivement roumaines.

Des colonies roumaines se sont établies jusque dans la province de TAURIDE, en Crimée et dans les provinces du Kuban (1).

II. — *Importance de l'élément roumain*

Le plus difficile est de préciser l'importance numérique de l'élément roumain en Ukraine. Quel est le nombre exact des Roumains de ces provinces russes, en dehors de la Bessarabie?

La dernière statistique russe que nous ayons pu consulter date de 1897; elle est donc vieille de plus de 20 ans. Pour cette raison et différentes autres, les chiffres que cette statistique nous fournit sont loin de nous indiquer le nombre exact actuel des Roumains d'Ukraine. Mais ils peuvent servir de base pour calculer ce nombre. Nous ne les citons qu'à cette intention :

	% de la population totale	Hommes	Femmes	Total
KHERSON	5.4	91.411	90.114	182.925 (2)
PODOLIE	0.9	13.466	13.296	26.762
TAURIDE	0.2	1.370	889	2.197
ECATERINOSLAV .	0.4	4.678	4.497	9.175
				221.059

Il importe de noter avant tout que la statistique russe ne donne pas le nombre des Roumains, mais celui des *sujets russes parlant* EXCLUSIVEMENT *le roumain.* Elle ne tient pas compte de la nationalité des sujets russes,

(1) M. le Prof. Nistor, d'une part, et M. Fratzman, de l'autre, ont publié récemment des listes de nombreux villages roumains dans les steppes lointains de la Russie, jusqu'au Caucase, à l'Oural et même dans les Altaï et le Tourkestan.

(2) 150.000 seulement d'après certaines publications, mais 335.000 d'après la *Balshoia Enciclopedia*; la statistique publiée en 1904 donne 6.9 % de Roumains.

qui ne l'intéresse pas, mais uniquement de leur langue usuelle ou maternelle. La seule chose qui lui importe c'est de savoir combien de sujets russes parlent le russe et combien l'ignorent. Tous ceux qui savent le russe et le parlent sont considérés comme Russes ou Ukrainiens. De sorte que le chiffre de la statistique pour les Roumains de Russie est loin de coïncider avec le nombre véritable de ceux-ci. Il montre seulement le nombre des Roumains qui ignorent la langue russe. Ce nombre, comme on le voit, est assez considérable. Il est dans la nature obstinée du paysan roumain de ne pas *vouloir* apprendre une langue étrangère. Si utile qu'elle puisse lui être dans la vie courante, le paysan moldave de l'Ukraine n'a pour la langue russe ou ukrainienne qu'une médiocre estime. C'est à cet esprit de conservatisme que nous devons de compter encore, en Russie, un élément si important d'âmes roumaines, qui, tout comme en Bessarabie, ignorent totalement, aujourd'hui encore, la langue russe, malgré l'école et l'église russes ou russifiées et malgré le service militaire.

Cependant nous devons reconnaître que la condition des paysans moldaves de Podolie et de Kherson est différente de celle des paysans de Bessarabie. Quoique, au delà du Dniéster comme en deça, ils constituent des masses compactes, habitant des régions roumaines homogènes, ils y sont cependant entourés de populations slaves et leurs masses sont nécessairement inférieures à celles des Ukrainiens voisins. Bon gré mal gré, ils ont été plus souvent réduits à apprendre la langue de leurs voisins, ne pouvant vivre autrement. Les affaires, les nécessités de la vie courante, les y obligeaient impérieusement. Ce qui est surprenant, c'est qu'il y ait encore, dans les provinces de Podolie, d'Ecaterinoslav et de Kherson, un si grand nombre de Roumains qui ne parlent pas russe et qui, pour ce motif, ont dû être comptés dans une rubrique à part.

Mais quel est le nombre des Roumains qui, outre le roumain, parlent le russe ou l'ukrainien et que la statistique ne voulait pas mentionner? Voilà toute la question? Seuls le raisonnement et le calcul peuvent nous aider à nous en faire une idée approximative, car la statistique est impénétrable.

Il y a lieu pour cela d'examiner les modifications numériques de la population roumaine de Bessarabie. Des calculs rigoureux nous donnent pour la Bessarabie le chiffre de 1.800.000 Roumains (1). Or, le recensement russe de 1897, le même que nous venons de consulter pour les autres provinces russes donne, pour la Bessarabie, seulement 920.910 Roumains.

Le chiffre des Roumains de Bessarabie en 1897 (920.000) a donc presque doublé (1.800.000), à nous en tenir aux données des statistiques russes; si nous appliquons la même proportion les 220.659 Roumains d'Ukraine de la statistique russe de 1897 doivent être devenus aujourd'hui plus de 430.000. Il est d'ailleurs incontestable que la proportion des Roumains de Russie parlant russe en 1897, et dont la statistique d'alors ne faisait aucune mention, devait être beaucoup plus

(1) Th. T. Burada, *O calatorie la Românii din gubernie Kamenitz-Podolsc-Russia*. En parlant des villages de Podolie, par lui visités en 1895, M. Burada dit : « Ces villages sont bien nombreux et je pourrais dire que le nombre des Roumains qui vivent dans ceux de la rive gauche du Dniéster dépasse 43.000 (p. 9). » La coïncidence est significative entre les données de M. Burada, qui a fait des recherches sur place et les résultats de nos calculs, faits sur la base de la statistique russe datant de 1897, deux ans après. La différence de 10.000 qu'on observe entre le chiffre rectifié de la statistique et celui donné par M. Burada, provient de ce que ce dernier ne se rapporte qu'aux villages de la rive gauche du Dniéster et à ceux qui n'en sont guère éloignés, tandis que la statistique donne en plus l'élément roumain qui se trouve à l'intérieur, plus au fond de la province. Dans ces conditions, notre chiffre doit être plutôt inférieur à la réalité. Car, si on compte les nombreux villages, très éloignés du Dniéster, que M. Burada n'a pu visiter, on peut supposer que le chiffre réel des Roumains de cette province est de beaucoup plus grand que celui donné par M. Burada et plus grand même que celui donné par notre calcul.

Pour Ecaterinoslav, M. Burada (loc. cit.), d'après Z. Arbore, donne le chiffre de26.574. On voit donc que notre calcul fournit des résultats qui, loin d'être exagérés, sont assez près de la réalité.

grande que celle des Roumains de Bessarabie qui se trouvaient plus groupés et le chiffre auquel nous sommes arrivés devrait être augmenté en conséquence.

Les données de la statistique russe peuvent être rectifiées et la valeur de nos calculs contrôlée grâce à d'autres travaux.

Selon Z. Arbore, auteur très renseigné d'un grand ouvrage scientifique sur la Bessarabie (Bucarest, 1899), dans trois provinces il y avait, en 1898 :

Kherson................	210.146
Podolie	42.481
Ecaterinoslav	26.574
	279.201

chiffre supérieur à celui de la statistique de 1897 pour ces trois provinces (218.462).

En y ajoutant les îlots roumains de la Tauride, de la province de Kiev, etc., on arrive sans doute au chiffre rond de 300.000. Vu le taux très élevé de la natalité des peuples russes en général, et des Roumains en particulier, on peut conclure que cette population doit atteindre aujourd'hui plus de 430.000.

D'après une étude récente, faite sur place par l'un de nous, le nombre des Roumains de Russie, en dehors de la Bessarabie, dépasse le chiffre de 450.000.

Les statistiques anciennes, dénombrent comme suit les étrangers (?) dans la Russie méridionale, en 1834 :

	Moldaves	Juifs	Allemands
	—	—	—
Bessarabie	406.182	42.360	10.200
Kherson...........	75.000	22.424	3.700
Podolie	7.427	150.485	1.126
Ecaterinoslav	9.758	6.139	15.233

En calculant que depuis 1834, jusqu'aujourd'hui, la population roumaine, qui croît de 16 0/0 par an a quadruplé, nous trouvons pour la Bessarabie, pour 1918, approximativement 1.800.000 Roumains, chiffre qu'ont également donné d'autres statisticiens ainsi que les géographes Durnovo, Nistor, Murgoci, Jurasco, etc. (voir *la Bessarabie,* par MM. Draghicesco et Murgoci). En Ukraine, nous aurions environ 400.000 Roumains et pour le gouvernement de Cherson seul, plus de 300.000.

En soumettant ces chiffres à une critique sérieuse (sur la base même des calculs établis par MM. N. N. Durnovo, Diascal, Butovici, etc.), nous constatons que la statistique de 1897 indique pour les Moldaves de Bessarabie un chiffre inférieur de 20 0/0 au moins à la réalité; en faisant la même correction pour les Roumains d'Ukraine, nous trouvons encore pour 1918 à peu près 400.000 et, spécialement pour le gouvernement de Cherson, 330.000, ce qui concorde également avec le calcul précédent.

Nous avons encore un autre moyen de contrôle. Nous avons calculé la surface de territoire habitée par les Roumains et, en tenant compte de la densité de la population dans les campagnes, nous avons cherché à déduire quel est le nombre des Roumains. Ainsi, par exemple, dans les districts d'Ananiev, Elisabetgrad et Alexandria, les Roumains occupent environ 20 0/0 de la surface du pays (pour le triangle entre Dniéster et Boug, 28 0/0; pour le triangle entre Boug et Ingoulets 18 0/0). D'après la statistique de 1916, il y avait dans les campagnes de ces districts 1.650.000 habitants, dont 20 0/0 Roumains, ce qui donne 330.000 Roumains, sans tenir compte de ceux des villes (15 0/0 au moins) et des autres districts : Odessa, Nicolaïev, Balta, etc., ce qui porterait à plus de 450.000 le nombre des Roumains. Rappelons encore que sur la carte ethnographique, les Moldaves du gouvernement de Kherson occupent une plus grande étendue que les Grands-Russiens — et cependant ils ne figurent dans les statistiques que pour 5.4 0/0 (ou, au maximum 6.9 0/0), tandis que les Grands-Russiens figurent pour 21 0/0, ce qui ferait plus de 600.000 Grands-Russiens contre 180.000 Roumains : on voit combien sont falsifiées ces statistiques. La statistique des Zemtsvos fournit un nouveau contrôle de ces calculs. Elle indique beaucoup plus de Roumains que les statistiques établies jusqu'à présent. Par exemple en 1914, elle donne pour le district de Tiraspol 81.000 Roumains (25.04 0/0 dont 13.000 environ dans les villes contre 53.000 Grands-Russiens, 16 0/0).

En calculant sur ces bases, nous déduisons qu'en 1918, il y avait en Ukraine plus de 500.000 Roumains, et ce chiffre doit être admis comme un minimum.

III. — *La conservation du caractère national chez les Roumains d'Ukraine*

L'importance des Roumains d'Ukraine et l'intérêt que leur portent leurs frères du royaume de Roumanie seraient moindres s'il n'y avait entre eux que la communauté de langue.

Mais les Moldaves d'Ukraine se rapprochent par d'autres traits des Roumains du royaume. Leurs mœurs, leurs habitudes, leur costume, leurs aspirations, leurs légendes et traditions, leur folklore sont non seulement semblables, mais identiques à ceux des Roumains de Moldavie et de Bessarabie. A cela rien de surprenant : comme on le verra, une partie de cette population est formée de colonies moldaves, essaimées, depuis cent cinquante ou deux cents ans, de Moldavie. Aucune différence ne pouvait et ne peut exister entre les Roumains de Moldavie et ceux d'Ukraine. La persistance du caractère national de ces populations est garantie par leur conservatisme, par leur répulsion à apprendre une langue étrangère, par leur attachement irréductible à la langue et aux traditions ancestrales, malgré tous les inconvénients qui peuvent en résulter pour elles. Ce phénomène s'est avéré en Bessarabie aussi bien qu'en Ukraine, ou dans la vallée de la Morava, en Serbie, et en Marmorosh aussi bien qu'en Macédoine.

Voici, à ce sujet, les constatations objectives de M. Burada, faites en 1895, alors que l'idée d'une discussion à propos des Roumains d'Ukraine, ne pouvait même pas effleurer son esprit. A ce moment, la Roumanie, loin d'avoir des visés sur les Roumains de Russie, craignait pour son propre sort, devant la toute-puissance russe.

« Quant on examine les croyances, les mœurs et les tradition des Roumains de cette province (la Podolie), on voit que le caractère roumain y est assez bien conservé et nous pouvons dire qu'il n'y a aucune différence d'avec celui des Roumaïns de Kherson, lequel, dans ces deux provinces, est identique au caractère national des Roumains de Moldavie. Les mêmes coutumes à l'occasion de la naissance, de l'enterrement, du mariage, les mêmes traditions pour Noël et le Nouvel an et dans toutes les autres circonstances solennelles de la vie. Les mêmes croyances superstitieuses aux revenants, aux incantations; les mêmes contes de dragons volants, de *Fet-Frumos* aux boucles dorées, les mêmes chansons populaires et *doïne* qui commencent par le refrain « Feuille verte », les mêmes danses : *hora* (la ronde), *brîu,* etc.

« Ils ont conservé jusqu'au système des mesures et poids et les noms correspondants employés en Roumanie : *oca, dimirlie, banitza, mierlie.* »

Au point de vue de la prononciation, les Roumains d'Ukraine ont conservé certaines particularités caractéristiques des paysans de Moldavie et de certaines régions de Valachie. Quant aux poèmes et chansons et *doïne* populaires, MM. Burada et Papahagi en ont recueillis quelques-uns qui sont identiques à ceux des paysans de Moldavie et de Valachie.

Ainsi, les Roumains de Podolie, aussi bien que ceux de Kherson, ont conservé leur nationalité dans son essence, pure de tout mélange. On explique ce phénomène par la résistance qu'opposent les Roumains au croisement avec les races étrangères. Le mariage d'une Roumaine avec un jeune homme de nationalité différente est un cas bien rare. La fierté romaine bien connue, qui a été conservée comme par instinct chez les Roumains de ces parages, a sauvegardé leur caractère national (1).

---

(1) Th. Burada, *O calatorie la Românii din Gubernie Kameniiz-Podolsc* (*Russia*), Iassi, 1906.

II

I. — *Origine des Roumains d'Ukraine*

Un simple aperçu historique expliquera mieux que toute description comment et pourquoi les Roumains d'Ukraine ont gardé, non seulement une communauté de langage avec les Roumains du royaume, mais aussi une communauté de sentiments dans toutes les manifestations de leur vie morale et sociale.

L'accroissement de la population dans les régions montagneuses, les événements politiques, l'habitude de conduire en hiver les troupeaux vers les steppes et des relations commerciales anciennes amenèrent peu à peu les Moldaves vers les forêts et les steppes d'au delà du Pruth et du Dniéster.

Dès les premières décades de la formation de l'Etat moldave, s'étendant vers l'Est sur les traces des Tartares mis en déroute, la frontière de ce nouvel Etat avait atteint le Dniéster sous le règne d'Alexandre-le-Bon (1401-1433). Les Tartares, chassés par les Magyars et les Moldaves, et harcelés par les Russes et les Polonais, s'étaient retirés non seulement de Moldavie mais aussi de Podolie. En se retirant, ils ont laissé maintes traces de leur domination et de leur organisation sociale, par exemple : l'institution des douanes à la frontière du pays. Les douanes de *Tighinea* (Bender) et de *Cetatea Alba* (Akkerman), probablement celle de *Khotin,* sur le Dniéster, sont un héritage des Tartares. Pour conserver ces institutions, les Moldaves devaient posséder non seulement la rive droite du Dniéster, mais encore étendre leur possession sur la rive gauche, à l'endroit de ces points de passage sur le fleuve (1). Cela était, non seulement possible, mais inévitable, en tant que la Podolie évacuée par les Tartares demeurait déserte (2). Aucun Etat constitué n'existait dans cette province qui, après la retraite des Tartares, eût pu défendre et surveiller la frontière. Seules des bandes errantes pillaient le territoire presque désert du Dniéster. Or, pour défendre les gués et les passages du Dniéster, pour protéger les foires qui avaient lieu sur les routes qui menaient du Dniéster au Dniéper, les Moldaves devaient fournir les forces militaires nécessaires et, avec ces forces armées, des colonies moldaves devaient essaimer bien loin au delà du Dniéster.

Etienne le Grand, pendant son long règne glorieux, chercha à établir des relations commerciales avec les rares régions de Podolie où, les invasions devenant plus rares, un commencement de vie agricole et commerciale était possible. C'est surtout avec les villes maritimes de Crimée, comme fut la *Caffa,* colonie gênoise des plus prospères, que les Moldaves d'Etienne eurent des relations commerciales assidues. Les chemins et Caffa même étaient défendus et protégés par des soldats moldaves.

De cette activité résultait un commencement de colonisation moldave dans les régions désertes comprises entre le Dniéster et le Dniéper, colonisation indispensable pour la protection des routes et la sauvegarde des transports si souvent attaqués par les Tartares.

Nous trouvons dans ces colonies le premier noyau de la population moldave qui vit aujourd'hui encore dans

---

(1) Une découverte intéressante a été faite sur ce terrain par M. Nistor, professeur à l'Université de Czernowitz, il a trouvé dans les archives de la ville de Kischinev qu'en 1816, les deux villes de Moghilev et Ribintz, situées sur la rive gauche du Dniéster, ont prêté serment en même temps que les villes et les villages de Bessarabie. On connaissait de nombreux documents qui démontraient que les hospodars moldaves avaient établi leurs douanes à Mohilev.

(2) N. Jorga. ***Românii de peste Nisru,*** Jassy, 1918.

le district de Tiraspol et de Balta, dans les provinces de Kherson et d'Ecaterinoslav. La preuve que telle est l'ancienneté de cette population en Ukraine c'est le fait notable que, dans une carte des régions d'outre-Dniéster, dressée ne 1541 par Reichersdorf, nous trouvons deux noms de localités qui sont roumains, le village de *Caialfia* et le lac *Cuciurgani*. Ces noms ne pouvaient pas être roumains si, à cette date, une population roumaine ne s'était établie à demeure dans le pays, depuis quelque temps déjà.

II. — *La seconde colonisation moldave*

Pendant les XVIe et XVIIe siècles, les plaines toujours partiellement désertes entre le Dniéster et le Dniéper continuèrent à subir une influence moldave. L'époque des luttes glorieuses pour l'indépendance politique de la Moldavie étant passée, l'énergie roumaine devait se manifester dans d'autres directions d'activité, par exemple les grandes exploitations agricoles et le commerce avec les produits des grandes terres soigneusement cultivées.

Les relations de famille entre les princes moldaves et les princes polonais qui gouvernaient en Podolie avaient fourni au trop plein de la vie économique de la Moldavie une occasion de se répandre au delà du Dniéster. Une foule de familles de boyards et de princes détrônés, tels Petre Schiopul et les Movilesti, ,les boyards Luca Stroici, Balica, Costin, passèrent le Dniéster et créèrent des exploitations agricoles prospères sur les riches terres de la Podolie. La terre de Ieremia Movila, à *Ustie,* a été l'une des mieux exploitée de toute la Pologne.

Lorsque les différents princes moldaves, chassés du trône de la Moldavie, furent obligés de chercher un refuge en Pologne, tels Moïse Movila, Stefan Petriceicu, Miron Barnowski, c'est toujours à l'exploitation agricole des terres de Podolie qu'ils s'adonnèrent avec prédilection. Mais toutes ces exploitations n'étaient jamais entreprises avec les seuls paysans indigènes. Les boyars et les princes immigrants y amenèrent leur cour, leurs hommes, et ils constituèrent dans les endroits où ils s'établirent de véritables colonies et des centres moldaves.

La colonisation la plus ample et la plus importante fut celle du hospodar Duca. Après les révoltes paysannes, dirigées par Bogdan Hmilnitzki contre la Pologne, et après la destruction de l'œuvre de celui-ci, les chefs de la Podolie reconnurent la suzeraineté des Turcs qui, avec le concours des armées valaque et moldave, s'emparèrent de ce pays et le fortifièrent. A ce moment, Duca-Voda, qui s'était rendu à Constantinople pour obtenir le renouvellement de sa souveraineté en Moldavie, reçut, en même temps, le titre de « Hospodar de l'Ukraine » entre le Dniéster et le Boug, avec le droit d'y nommer un lieutenant sous ses ordres. Le successeur de Duca, Demitre Cantacuzène, garda, comme le prouvent les documents, la domination nominale sur l'Ukraine (1).

Duca-Voda a exercé une influence réelle et bienfaisante sur l'Ukraine, pendant son règne. Il y a construit des installations et des bâtiments, organisé des exploitations dont l'importance et la renommée sont passées dans l'histoire. A Nemirova, Tiganova, les exploitations qu'il laissa se conservèrent prospères longtemps après son départ. L'un de ses successeurs, un autre prince moldave, Movila, continua à Nemirova l'œuvre commencée. L'élément moldave qui y était employé et qui continuait à affluer gagna en importance et en force et s'étendit dans le voisinage des différents centres ainsi colonisés.

Pendant ce temps, les Moldaves de la rive droite du

(1) N. Jorga, *op. cit.*, p. 34-35, et *Relations russo-roumaines, etc.*, Jassy, 1917.

Dniéster passèrent sur la rive gauche toujours en plus grand nombre et s'y établirent pour fonder les villages qui existent encore aujourd'hui. Ce qui facilita le plus cette émigration, ce fut, surtout dans la vallée inférieure du Dniéster, l'établissement de la domination ottomane sur la rive gauche du fleuve. De cette manière, les conditions politiques étaient égalisées sur les deux rives, placées sous la même domination, et les paysans moldaves circulaient sans difficultés. Des documents de l'époque établissent que la propriété des péages sur le Dniéster appartenaient, sur les deux rives du fleuve, à des boyars moldaves et au prince régnant à Jassy.

Des séries successives de princes et de boyars valaques et moldaves continuèrent, au XVIIIe siècle, à passer en Ukraine, à la suite des luttes malheureuses que Pierre le Grand livra aux Turcs en Moldavie. Celui-ci reçut de Pierre le Grand de vastes terres, s'étendant sur le territoire de 13 villages autour de Harcov et ensuite, dans les environs de Moscou, cinquante autres villages.

III. — *Les colonisations forcées*

En dehors des colonisations volontaires des paysans moldaves qui suivaient leurs anciens maîtres réfugiés en Russie, il y eut, pendant le XVIIIe siècle, des colonisations forcées, imposées par ordre de Pétersbourg, et exécutées par les généraux russes pendant la retraite de leurs armées de Valachie et de Moldavie. En effet, les armées en retraite ramenaient avec elles des masses considérables de paysans moldaves. Les raisons qui inspiraient le gouvernement de Pétersbourg étaient, d'un côté, d'épargner à la population moldave les persécutions et la vengeance des Turcs et des Tartares et, de l'autre, de peupler les provinces d'outre-Dniéster, lesquelles demeuraient toujours trop peu peuplées, à cause des guerres et des invasions. Il fallait rendre à la culture et mettre en valeur ces plaines fertiles, pour augmenter ainsi les revenus de l'Etat russe et la richesse du pays.

« Lorsque le général Munnich quitta la Moldavie en 1739, il prit la décision d'amener le plus grand nombre possible de ces chrétiens de race noble et très versée dans les travaux agricoles. » (1) Le mémoire de Trenck, officier allemand qui accompagnait ce chef allemand, raconte que, en dehors des jeunes filles enlevées de force, les soldats russes reçurent l'ordre de piller le pays et d'amener avec eux hommes et bétail. *Conformément à cet ordre, ont été emmenés en Russie plus de* 100.000 *sujets turcs* (*moldaves et valaques*). Ce fait est confirmé dans les registres du prince moldave Const. Mavrocordat et dans la chronique de Niculcea.

« Dans la guerre russo-turque de 1769-74, le comte Panine, le ministre tout-puissant de Catherine II, avait l'intention de transporter en Russie toute la population des deux principautés roumaines. Ce projet ne fut pas réalisé; on se contenta de faire don de riches terres à quelques boyars, par exemple à Mihai Cantacuzino, à Movila, et au colonel Balsh à Dubasari. » (2).

C'est à la suite de la quatrième guerre russo-turque en 1792 que fut accomplie l'œuvre de colonisation la plus importante, lorsque les armées russes durent évacuer une fois encore la Moldavie. On conçut à ce moment le projet de refaire l'Ukraine de Duca-Voda entre le Dniéster et le Dniéper, comme une *Moldavie nouvelle* et sous ce nom même. Après la conclusion de la paix, les armées en retraite ramenèrent avec elles tant de monde qu'on crut que les deux tiers de la population moldave avaient été transportés en Ukraine. On suggéra même l'idée d'ac-

(1) *Les Mémoires de Trenck*, v. n° 70, cité par N. Iorga, *op. cit*, p. 40 et *Cronica lui Niculcea*, p. 412.

(2) N. Iorga, *op. cit.*, p. 41.

corder à ce pays une entière autonomie, sous le prince Alexandre Jean Mavrocordat, qui fuyait la vengeance des Turcs.

***

Telles sont donc les origines de la population roumaine qui vit aujourd'hui dans les provinces transdniéstriennes de l'Ukraine. Cette masse considérable et compacte de paysans roumains qui occupe plusieurs districts sur la rive gauche du Dniéster est vraiment un fragment du peuple roumain de Moldavie. Si les Roumains s'y trouvent aujourd'hui, ce ne fut pas toujours de leur propre gré ni de leur faute. Mais, comme le fait remarquer M. N. Jorga, les Roumains d'Ukraine ne sont pas des intrus attirés par l'aisance et les richesses des plaines fertiles ; ce sont, au contraire, des colonisateurs de la première heure, qui défrichèrent la terre et qui, les premiers et par leurs efforts obstinés, rendirent ces vastes plaines à la culture et à la prospérité. La population ukrainienne les y a trouvés installés et bien enracinés dans les villages qu'ils occupent aujourd'hui, de sorte que « les Roumains d'Ukraine représentent la base même de la population de ce pays et l'élément créateur de sa vie civilisée » (1).

Cet aperçu suffirait pour prouver que le chiffre de 500.000 Roumains d'outre-Dniéster auquel nous sommes arrivé par calculs et déductions, s'explique historiquement. En effet, sans compter les colonisations volontaires antérieures, les deux colonisations forcées accomplies sur l'ordre de Pétersbourg par les armées russes en retraite ont dû amener et fixer en Ukraine plus de 300.000 Roumains, Moldaves et Valaques. A supposer qu'une partie de cette population ait perdu, par la force des choses, son caractère national d'origine, il sera tou-

(1) N. Iorga, *op. cit.*, p. 42.

jours resté assez d'éléments roumains en Ukraine pour justifier, aujourd'hui, la présence d'une masse considérable de Moldaves d'outre-Dniéster. La dénationalisation a été sans doute compensée par les nouveaux venus qui, pendant le XVIIIe siècle et surtout après 1812, quand la Bessarabie fut arrachée aux Roumains, ont afflué sans cesse. De toute façon, il se trouvait, au commencement du XIXe siècle, en Ukraine, une masse compacte de plus de 300.000 Roumains. Rien d'étonnant à ce que le nombre de ces Roumains soit aujourd'hui à peu près doublé. N'eut été la russification inévitable d'une certaine proportion de ces Roumains — malgré la résistance obstinée qu'ils opposent à la dénationalisation — il est probable que leur nombre, si on tient compte de l'augmentation du peuple russe en général, serait aujourd'hui de plus d'un million.

III

CONCLUSIONS

Comme contre-partie de ce courant d'infiltration moldave dans les provinces de la Petite Russie, il y a eu en même temps, et aussi longtemps après un courant inverse d'infiltration ukrainienne dans deux pays roumains par excellence : la Bukovine et la Bessarabie.

En Bessarabie, l'infiltration ukrainienne devenait inévitable du moment que les tzars russes arrachèrent à la mère-patrie cette belle et riche province moldave. La libre circulation sur les deux rives du Dniéster fut établie sans aucun obstacle et les deux courants d'infiltration de sens inverse entre les Ukrainiens et les Moldaves des deux rives s'échangèrent librement. Ainsi s'explique que nous trouvions en Bessarabie, à l'heure actuelle, une population ukrainienne de 250.000 âmes.

Mais, tandis que la population moldave des districts de Tiraspol, de Balta et d'Ananiev, sur la rive gauche du Dniéster continue sans interruption la population roumaine de Bessarabie, la population ukrainienne de cette dernière province, excepté sur une petite étendue au Nord, près du Dniéster et sur le bord de la Mer Noire, est disséminée en îlots épars, sans contact possible ni entre eux ni avec les Ukrainiens d'outre-Dniéster. Les îlots ukrainiens d'Orhei, de Balta, de Kilia, de Petrovka, n'ont aucune possibilité de communication avec le reste de la population ukrainienne, étant coupés de celle-ci par de vastes régions purement roumaines.

Seuls les Ukrainiens de la région de Khotin font exception à cette règle.

En Bukovine, la dernière statistique autrichienne donne une population ukrainienne d'environ 300.000 âmes. Sans doute, étant données les tendances des autorités autrichiennes, qui ont toujours encouragé l'élément ukrainien au détriment des Roumains, ce chiffre doit être de beaucoup exagéré. Les Ukrainiens de Bukovine comptaient, en 1775, à peine 150.000 âmes. C'était des nouveaux venus, des intrus, qui seront ultérieurement attirés en grand nombre et encouragés par l'administration autrichienne, pour diminuer l'importance des Roumains, qui avaient toujours des velléités d'indépendance et de séparatisme.

Admettons pourtant qu'il y ait en Bukovine 300.000 Ukrainiens qui, par l'union de la Bukovine à la Roumanie, doivent passer dans l'Etat roumain. Ajoutons à ces 300.000, les 250.000 Ukrainiens de la Bessarabie, qui a également proclamé son union à la mère-patrie. Nous aurons donc un total de 550.000 Ukrainiens qui, forcément, appelés à devenir citoyens roumains. Il se peut que le nouvel Etat Ukrainien les revendique. Mais les 550.000 Roumains d'outre-Dniéster, qui ont conservé leur caractère national intact, demandent à être réunis aux frères libérés de Bessarabie, pour partager le même sort et jouir des mêmes libertés. En tout cas, ils réclament l'école et l'église roumaines, et une pleine autonomie politique. Il ne faut pas oublier que, de 1812 jusqu'en 1837, ces districts furent déjà réunis à la Bessarabie, quant à leur administration religieuse et scolaire.

Cette double infiltration pourrait constituer entre Russes et Roumains une difficulté qu'il importe de ne pas cacher ni passer sous silence, mais de mettre en vue pour en chercher une solution aussi équitable que possible.

Sans doute, le Dniéster est une frontière naturelle admirable qui, d'une façon générale, a toujours séparé le peuple roumain des populations slaves de l'Est. Dans l'avenir, le Dniéster devrait jouer le même rôle que par le passé et il doit constituer la frontière orientale de la nouvelle Roumanie. Pour cela, les Roumains et les Ukrainiens doivent se faire des concessions réciproques. Les Ukrainiens d'Ukraine ne doivent pas revendiquer leurs frères de Bessarabie et de Bukovine et demander, sous ce prétexte, à passer le Dniéster. D'ailleurs, le voudraient-ils qu'ils ne le pourraient pas en Bessarabie, car la population ukrainienne y est coupée des Ukrainiens d'outre-Dniéster dont elle est séparée par de grandes masses roumaines.

Si le difficile problème roumano-ukrainien reçoit la seule solution équitable que les faits, l'expérience historique et la situation indiquent, le Dniéster restera la frontière définitive entre la Roumanie et l'Ukraine. Mais, en même temps, un traitement libéral de réciprocité équitable devra être accordé aux masses, d'ailleurs équivalentes, de population roumaine infiltrée en Ukraine et de population ukrainienne infiltrée dans la Bukovine et dans la Bessarabie réunies à l'Etat roumain.

TABLE DES MATIÈRES

I

II

III

Imp. Dubois et Bauer, 34, rue Laffite, Paris.

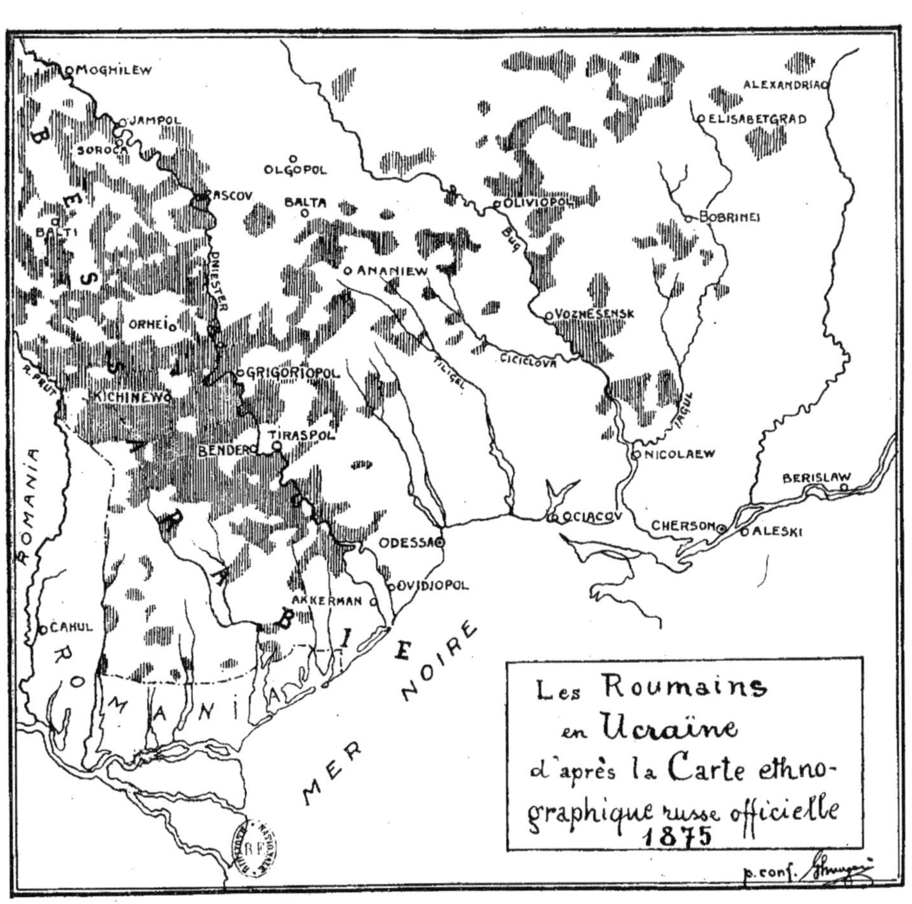
Les Roumains
en Ucraïne
d'après la Carte ethnographique russe officielle
1875
MOGHILEW
JAMPOL
SOROCA
OLGOPOL
ASCOV
BALTA
OLIVIOPOL
ALEXANDRIA
ELISABETGRAD
BOBRINEI
BALTI
ANANIEW
Bug
DNIESTER
VOZNESENSK
ORHEI
GRIGORIOPOL
CICICLOVA
R. PRUT
KICHINEW
TIRASPOL
BENDER
NICOLAEW
BERISLAW
OCIACOV
CHERSON
ALESKI
ODESSA
OVIDIOPOL
AKKERMAN
CAHUL
ROMANIA
B E S S A R A B I E
R O M A N I A
MER NOIRE
p. conf.

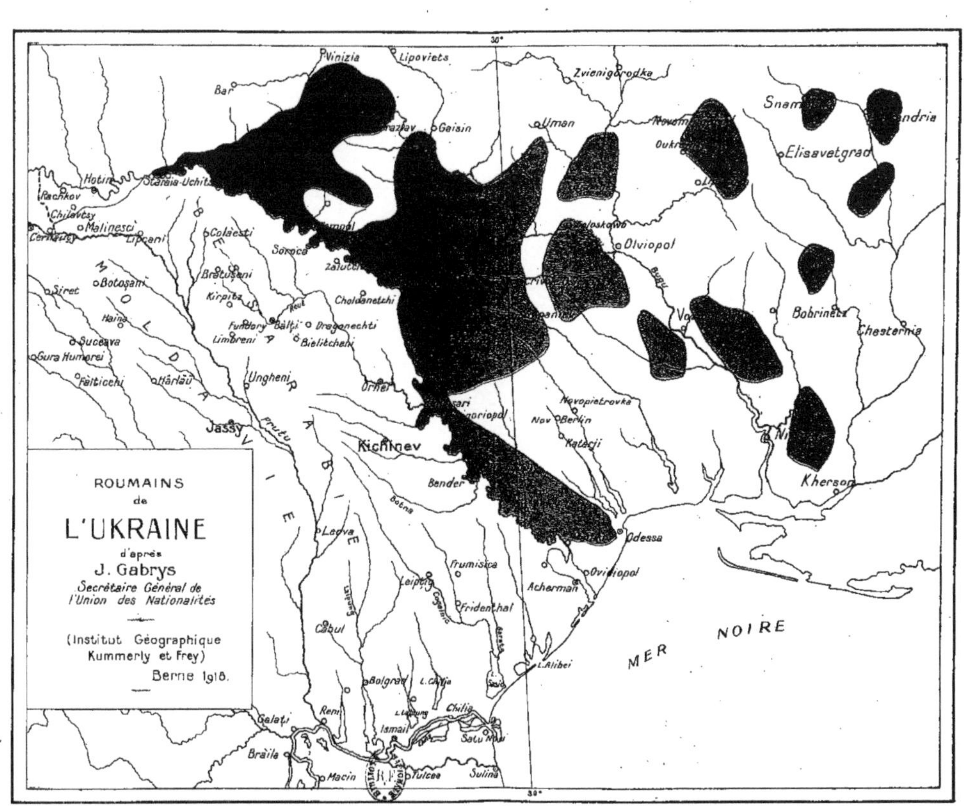

Dess. par A. D. Atanasiu, Paris, 1919.

www.ingramcontent.com/pod-product-compliance
Ingram Content Group UK Ltd.
Pitfield, Milton Keynes, MK11 3LW, UK
UKHW022320170726
13837UKWH00005BA/2094

9 782019 926137